图书在版编目（CIP）数据

画像石里的汉魏风情 / 煜程国际文化传播（北京）有限公司 , 苏
州和云观博数字科技有限公司著; 张云主编 . —成都: 天地出版社,
2023.1（2023.3 重印）
　（刻在石头上的中华五千年）
　ISBN 978-7-5455-7299-5

　Ⅰ.①画… Ⅱ.①煜… ②苏… ③张… Ⅲ.①石刻—考古—中国—
汉代—魏晋南北朝时代—儿童读物Ⅳ.① K877.4-49

　中国版本图书馆 CIP 数据核字（2022）第 195985 号

HUAXIANGSHI LI DE HAN WEI FENGQING

画像石里的汉魏风情

出 品 人　杨　政
总 策 划　戴迪玲
责任编辑　王　倩　刘桐卓
装帧设计　霍笛文
营销编辑　陈　忠　魏　武
责任印制　刘　元

出版发行　天地出版社
　　　　　（成都市锦江区三色路 238 号 邮政编码: 610023）
　　　　　（北京市方庄芳群园 3 区 3 号 邮政编码: 100078）
网　　址　http://www.tiandiph.com
电子邮箱　tianditg@163.com
经　　销　新华文轩出版传媒股份有限公司

印　　刷　北京雅图新世纪印刷科技有限公司
版　　次　2023 年 1 月第 1 版
印　　次　2023 年 3 月第 2 次印刷
开　　本　787mm×1092 mm 1/16
印　　张　3
字　　数　60 千字
定　　价　28.00 元
书　　号　ISBN 978-7-5455-7299-5

西安碑林博物馆编委会

- 主　编：张　云
- 副主编：李　慧
- 编　委：刘　艳
　　　　　倪丽烨
　　　　　白雪松

本书编委会

- 特约策划：徐燕明
- 执行主编：李　佳
- 特约编辑：李　佳　高艳花　张　莉
- 插　　画：李志关
- 美术编辑：刘　孟　卜翠红
- 视效编辑：李倩倩　吕文昊
　　　　　　周年琨　朱苏倩

AR 文物课开讲啦

本书精选 20 组文物，量身打造 20 节 AR 文物课。只需两步，古老的文物就会与崭新的 AR 技术相遇，让文物"动"起来！

01

用微信扫描二维码，进入本书的 AR 小程序；

02

识别有 的页面；或者点击左下角"臻品"，选取相关文物讲解；

AR 文物课开始了，听文物讲述自己的故事！

碑石与画像石的全景记录

汉朝 汉朝（前206—220）分为西汉、东汉，中国历史上的黄金时期之一，在破匈奴、通丝路、休养生息等一系列措施之下，百姓生活安定富足起来。汉朝**独尊儒术**、重视孝道，加上经济繁荣，助长了厚葬之风。墓葬中大量具有**墓碑**性质的碑石和墓室里的**画像石**，再现了汉朝的社会状况、风土人情、典章制度和宗教信仰等内容。

> 我的三位爱将有很多精彩的故事。

汉朝之旅，从认识中国历史上第一个平民皇帝——汉高祖刘邦开始吧！他知人善用，击败楚霸王项羽，建立汉朝，定都长安。关于刘邦和他手下三位大将的精彩故事，姐弟俩可知道不少呢！

文化卡片

跟汉初三杰有关的典故有很多，你知道它们背后的故事吗？

韩信：背水一战；胯下之辱；韩信将兵，多多益善

张良：张良拾鞋；智斗鸿门；下邑奇谋；虚抚韩彭；劝都关中

萧何：萧规曹随；成也萧何，败也萧何

韩信

军事家，兵家四圣之一，被后人称作"兵仙"，是中国历史上极为少有的集齐"王侯将相"称号的人：楚王、淮阴侯、大将军、相国，说的都是他。

明修栈道，暗度陈仓

楚汉之争时，刘邦想从汉中杀回关中。韩信明着大张旗鼓修建翻越秦岭的栈道以迷惑敌军，暗中却绕道陈仓，帮助刘邦成功返回关中。

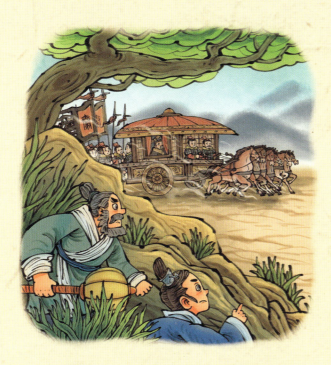

张良

杰出的谋臣、政治家。他帮助刘邦在鸿门宴上全身而退，并协助刘邦赢得楚汉战争。汉高祖刘邦评价他说："夫运筹策惟帐之中，决胜于千里之外，吾不如子房。"运筹帷幄最早就是形容张良的，称赞他虽在后方但善于制定战略和指挥战争。

张良刺秦

张良原为韩国贵族，为报亡国之仇，他曾在秦始皇巡游途中策划并实施了暗杀行动，但没有成功。

萧何

汉朝宰相，政治家，是韩信的举荐人。萧何是汉初三杰之首，辅助刘邦建立了西汉政权。

汗马功劳

《韩非子》中有"汗马之劳"的说法，形容战功卓著。刘邦称帝后，论功行赏，将萧何排在第一位，武将们对这个文官不服，认为他没有"汗马之劳"。刘邦以猎人和猎狗的故事，平息了争论。

刘邦吸取了秦朝灭亡的教训，采取休养生息的政策，大力发展农业。他让大部分军士回家种田，把自卖为奴婢的人释放为平民，以此来增加农业劳动力。为了调动农民的积极性，他减轻了赋税和徭役，还鼓励推广有利于耕种的方法，促进农业快速发展。

文化卡片

汉朝的粮食作物

汉朝时的粮食种类已经很丰富了，当时种植的粮食作物主要有粟、麦、黍、豆等。粟又称禾，去壳后就是我们现在吃的小米；麦有大麦也有小麦；黍俗称糜子，籽去壳后就是黄米；豆指豆类，如大豆、豌豆等。

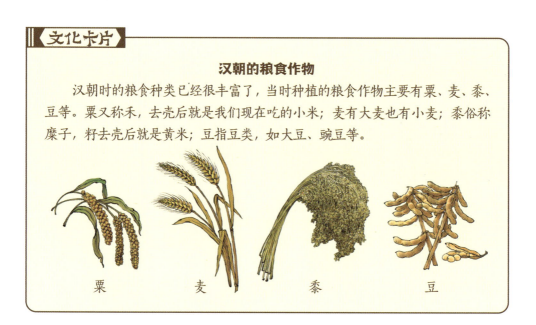

粟　　麦　　黍　　豆

汉朝农业大发展有两个秘密武器——**铁质农具**和**牛耕**。汉朝非常重视铁质农具的改良和推广，汉武帝时期全国各地建起了很多的官营冶铁作坊，批量生产农具。牛加入耕田工作后，农民的耕作效率提高了很多。

古代，耕牛对农业和农民的生活有着重要的影响。据史料记载，东汉时期发生过六次严重的牛疫，耕牛减少导致垦田面积缩小，粮食涨价，农民背井离乡。

汉文帝和汉景帝时期，继续推行休养生息政策，国力有了很大的增强，国家积累了大量的钱粮，这些为汉朝的强盛打下了良好的基础。

五铢钱

从汉武帝时期开始铸造使用的一种钱币，到唐朝时才被开元通宝代替。五铢钱用篆字铸出"五铢"二字，并用外圆内方的形状来象征天圆地方。五铢钱一直沿用了七百多年，是中国历史上使用时间最长的铜钱，也被称为"长寿钱"。"铢"是重量单位，分量极轻。

为了配合牛耕，人们还改良了铁犁，"**二牛抬杠**"的耕作方式让拓荒和种庄稼的效率更高了。

虽然两千年过去了，但今天我们依然能在汉朝的画像石中了解到汉朝百姓的生活与思想。汉朝人以石为地、以刀代笔，刻画出汉朝现实生活、丧葬习俗和宗教信仰等方方面面的内容。汉画像石因此也被誉为"汉朝历史的画卷"。

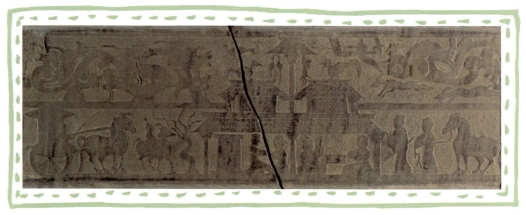

迎宾客六博图

汉朝人玩的六博棋是象棋的鼻祖。

> **基本信息**
>
> 时代：东汉（25—220）
> 尺寸：高 40 厘米，宽 139 厘米
> 收藏地：西安碑林博物馆
> 文物来源：出土于陕西省绥德县园子沟

欢乐富足的汉朝人

　　这个画像石上刻着二层楼阁，展现了主客欢聚的场面。室外有车马和仆人，主人正在迎接接踵而来的宾客，屋顶下挂着各种风干的肉类，反映了佳肴美味、宾客盈门的富贵生活。左边房间里的两个人正在寒暄，右边房间里两个人正在下六博棋，反映了汉朝百姓丰富的文化生活。"六博"是中国古代历史悠久的棋类游戏，在汉朝十分流行。

国宝有话说

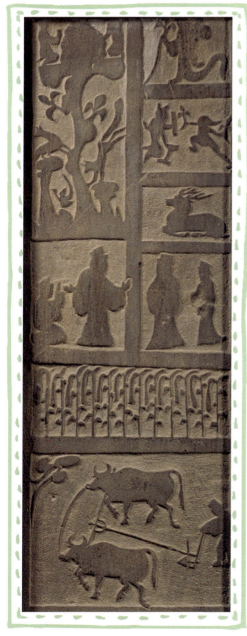

米脂官庄牛耕图画像石

基本信息

时代：东汉（25—220）

尺寸：高 114 厘米，宽 52 厘米

收藏地：西安碑林博物馆

文物来源：出土于陕西省榆林市米脂县官庄

从画像石看汉朝的牛耕技术

自古以来，牛就被誉为"耕农之本"，是古代农业生产力的标志。这幅"牛耕图"上耕地的人双手扶犁，弯腰低头，好像在查看新翻的土壤。图中的犁叫作"耦（ǒu）犁"。耦是双数的意思，"耦犁"就是两头牛拉一个犁。最开始耦犁的耕作方法是二牛三人，西汉后期逐渐被二牛一人的方法取代。

人勤牛壮，五谷丰收

"牛耕图"的中层刻着十二株茁壮的谷子，谷穗沉甸甸的，好像象形文字的"禾"字，象征着通过辛勤的耕耘获得了丰收。

嘿——

拉犁是个力气活，只有牛才能拉得动的。

9

汉初，匈奴屡屡挥师南下侵犯汉朝。到汉武帝时，汉朝日渐兵强马壮，是时候彻底解决匈奴的滋扰了。此时，汉武帝想起因被匈奴侵犯而西迁的大月氏，于是派遣张骞出使大月氏，希望能联合起来东西夹击，打败匈奴。张骞的出使还开创出一条深刻影响古今中外的"路"——丝绸之路。

那是夸张的表达，日行百里是没问题的！

汗血宝马真的能日行千里吗？

大宛

大秦

大宛盛产良马。这种马四肢修长、皮薄毛细、奔跑速度惊人，被称为"**汗血马**"。

安息

大月氏

丝绸之路

丝绸之路以长安（今西安）为起点，经甘肃、新疆往中亚和西亚延伸，并一路向西到达地中海地区。

太热了，五千岁，快点儿画个空调出来！

哈哈，那得找他的亲戚——马良的神笔。

小旋风，这沙漠的炎热你受不了吧！

身毒

"丝绸之路"是19世纪末德国地理学家李希霍芬在《中国》一书中提出的。这条路本质上是中西方贸易的一条商路，运输的商品多种多样，但是在当时的西方人看来，"丝绸"是最具东方特色的商品。另外，商人还开辟了多条通往西方的海上交通贸易要道，被称为"海上丝绸之路"。

汉朝时期，人们把玉门关以西的广大地区称为西域。

龟兹

疏勒

于阗

鄯善

楼兰

玉门关

长安

张骞不畏艰难，先后两次出使西域。第一次出使历时十三年，这期间曾两次被匈奴扣押。

东汉时，名将**班超**驻扎西域三十一年，收服了西域五十多个国家，为西域的回归和东汉的安全做出了巨大贡献。"不入虎穴，焉得虎子"，讲的就是他在出使鄯善时及时阻止了匈奴使者的挑拨离间，与鄯善王重归于好的故事。

汉朝的织造工艺水平高超，能够织出特别轻薄的衣物。在马王堆汉墓出土的**直裾素纱禅（dān）衣**，衣长一百二十八厘米，通袖长一百九十厘米，而重量仅有四十九克，大概是一颗鸡蛋的重量。

丝绸之路的开通使得东西方的交流日趋频繁，汉朝的物产、技术沿着丝绸之路来到西域，而西域一些独特的物产也传入了汉朝，让人们的生活越来越"国际化"。

一路奔波的姐弟俩万万没想到，居然能在汉朝吃上一顿美味的烤肉。

张骞出使西域带回了各种**香料和植物**，如胡椒、大蒜、香菜、芝麻等，这些都是烧烤的重要作料，它们的引入一度使得烧烤成为汉朝流行的一种饮食方式。

这个烤炉和我们在现代用的好像呀！

在汉朝也能撸串，太爽了！

物质交流

通过丝绸之路，丝绸、漆器、茶叶、铁器以及开渠、凿井和铸铁技术等传到西域，西域的良马、香料、玻璃、宝石、胡萝卜、黄瓜、菠菜、核桃、葡萄、石榴、苜蓿等传入中原。

双兽

时代：东汉（25—220）
尺寸：高113厘米，长210厘米
收藏地：西安碑林博物馆
文物来源：出土于陕西省咸阳市

为何墓前要放两只石狮子?

"双兽"最初放置在墓前，担负着镇守陵墓、驱除邪恶的使命，也是墓主人崇高身份的象征。人们称双兽为"辟邪"和"天禄"。"辟邪"是驱邪碎恶的意思，"天禄"是祥瑞的意思。

"双兽"综合了狮、虎的造型特点，瞪目张口，昂首挺胸地疾走，很有动感。它们长年掩埋在地下，没有受到风雨侵蚀，全身散发出青石的温润光泽。

从丝绸之路走来的狮子

丝绸之路开通后，狮子与其他奇珍动物一起来到了中原。西汉时，长安宫殿中的"皇家动物园"奇华殿里已出现了狮子。狮子的传入给中华传统文化增加了新的元素，狮子的"艺术形象"也随之多了起来，石狮雕塑开始出现在古人的家门前或墓地中。

千千问和小旋风都很佩服汉朝人的聪明和博学，所以，五千岁带着姐弟俩来探访汉朝的学校，看看这个时候是怎么教育和培养学生的。

汉朝是中国古代教育大发展的阶段，出现了最早的"高等教育"机构——太学。

汉朝教育可分为三个阶段：第一阶段主要是识字教育，也传授一些数学常识；第二阶段是以学习《论语》《孝经》为主的初习经书教育；第三阶段是以研习五经为主的专经教育。

汉朝的教育系统已经较为完整，学校分为**官学**和**私学**。官学又有中央官学和地方官学之分，私学主要包括书馆（基础教育）和经馆（高等教育）。

汉武帝倡导"**独尊儒术**"，所以儒家经典是当时学校教育的主要内容。

汉武帝采纳董仲舒的建议，在长安建立了全国最高教育机构——**太学**，相当于现在的大学。太学的老师称为博士，学生称为博士弟子。太学的学生多的时候能达到几千人。

太学学习的是儒家五经，你知道是哪五经吗？

它们是《诗》《书》《礼》《易》《春秋》。

汉朝选拔官吏的制度是**察举制**，主要由地方长官在辖区内考察、选取人才，并推荐给上级。这些人需要再经过试用考核，合格者才会被任命官职。被推选的人大多为州郡属吏或通晓经书的儒生。察举中的重要一项是举孝廉，即推选出孝顺父母、办事廉正的人。

在汉朝历史上，有一些名人是通过"举孝廉"走上仕途的，比如曹操和曹全。

汉朝时，出现了第一次大规模刻经活动，诞生了中国历史上第一部官定的石刻经书——《熹平石经》。《熹平石经》规模浩大、气势恢宏，是东汉时期尊崇儒学和碑刻盛行背景下所产生的瑰宝。

熹平石经（周易残石）

时代：东汉熹平四年至光和六年
（175—183）

尺寸：高 33 厘米，宽 56 厘米

收藏地：西安碑林博物馆

文物来源：1937 年于右任捐赠

毁于战乱

《熹平石经》是我国刊刻最早的一部石经。现在保留下来的是碑的残石，石碑两面刻字，共计四百九十四字。石经刻成的几年后发生董卓之乱，洛阳宫殿被焚毁，立在太学的《熹平石经》也在战乱中被毁坏。

熹平石经的三大功劳

1. 为儒家七部经典（《诗经》《尚书》《仪礼》《周易》《春秋》《论语》《公羊传》）提供了准确的范本；

2. 开创了用刻石的方法公布经文范本的先河；

3. 启发了捶拓方法的发明，而捶拓技术是雕版印刷术的先驱。

隶书的标志性特点

隶书笔画方平正直，蚕头燕尾，中规入矩，线条圆浑厚重。

在印刷术发明之前，基本都是手抄书，传抄时难免出现错误。东汉时汉灵帝下令校对儒家经典著作，并派蔡邕等人把儒家七经抄刻成石书，共计四十六块石碑，称为**石经**。石经全部用隶书写成，因此也被称为"一字石经"。

熹平石经的刻成是当时轰动全国的大事，慕名来观看、摹写的人络绎不绝。

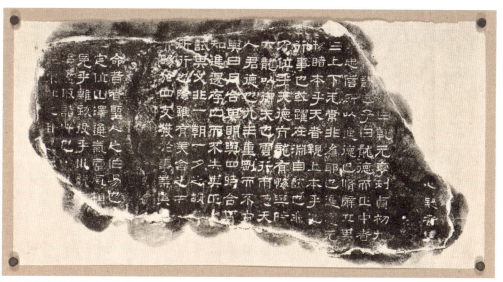

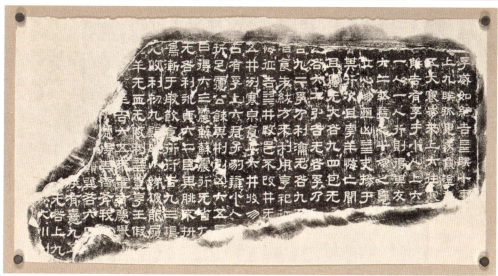

扫一扫，
听课啦！

　　西汉时期，已出现麻质纤维纸，但造价昂贵，只有皇室贵族才能用得起。东汉的**蔡伦**改良了造纸术，用树皮、破麻布、旧渔网等廉价原料造纸，老百姓才逐渐开始使用**纸张**。

汉朝的百姓能过上稳定的生活，经济、教育得到持续发展，这些都得益于国家的安定和强大的军事力量。汉朝国库充裕，部队配备了大量的战马。同时，汉军苦练骑射，在和擅于骑射战斗的匈奴

坚固的**铠甲**、精良的**环首刀**，大幅度提升了汉朝骑兵的防御力和战斗力。

人作战中屡屡获胜。接下来，就跟着五千岁和姐弟俩感受一下大汉官兵的雄壮气势吧。

汉朝还从西域引进大量**良马**，大幅提高了军队的战斗力。

强度和韧度更好的**铁制兵器**取代了青铜兵器，进一步提升了汉朝军队的作战实力。匈奴军队铁制兵器很少，还在用青铜制的刀、剑。

汉朝出了不少杰出的将领，例如卫青、霍去病、李广、窦宪等。他们在汉朝军队与匈奴军队对战的前线立下了赫赫战功，一起成为汉朝强大的军事保证。

卫青

威武强壮，带兵有方。在龙城之战中大胜而归，拉开了汉朝大破匈奴的序幕。此后，他又收复河套地区，并带领霍去病等将领，赢得众多战役，在漠北之战中重挫匈奴。

霍去病

十八岁为剽姚校尉，十九岁时官至骠骑将军，是个少年战神。霍去病善于长途奔袭、快速突袭和大迂回、大穿插、歼灭战。河西之战，他直取祁连山，占领河西走廊。漠北之战，他消灭匈奴左部主力七万余人，在狼居胥山祭天封礼，史称"封狼居胥"，意为战功显赫。

李广

被匈奴人称为"飞将军"。汉文帝时，因攻打匈奴有功而被封为中郎；汉景帝时，参与平定七国之乱；汉武帝时，打得匈奴数年不敢来犯。李广与匈奴斗争长达四十五年，参与大小战役七十多次。

窦宪

东汉名将，率领汉军彻底消灭北匈奴，在燕然山（今蒙古国杭爱山）勒石记功，史称"燕然勒石"，这是与"封狼居胥"并列的最高军功。

东汉末年军阀四起，天下大乱。220年，曹操的儿子曹丕逼迫汉献帝禅位，自称皇帝，国号魏，定都洛阳，东汉灭亡。

到了东汉末年，百姓的日子就不好过了。

东汉之后，又是一个大动荡时期。

真舍不得离开汉朝呀！

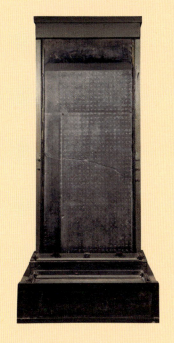

曹全碑 国宝级文物

时代：东汉中平二年（185）

尺寸：高272厘米，宽95厘米

收藏地：西安碑林博物馆

文物来源：出土于陕西省合阳县莘里村

为官一任造福一方的廉吏

《曹全碑》是目前保存最完好的一块汉碑，碑文介绍了曹全的家世以及他征讨疏勒、平定黄巾军起义、安抚百姓等史实。曹全是东汉人，博学多才，他的孝行在家乡很有名，先后两次被举为孝廉。曹全任职期间廉政爱民，深受百姓们的爱戴，在他去世后，他的门生故吏为他建了这座功德碑。

远征疏勒

根据碑文记载，曹全曾率兵征讨西域疏勒，平定了疏勒国之乱。疏勒国都在今天新疆的喀什地区。

汉隶最美碑石

碑文字体是经典的汉朝隶书，结字匀整，用笔方圆兼备，以圆笔为主，娟秀清丽，美妙多姿。"蚕头雁尾"特点鲜明，是汉隶中秀美风格的代表。

盘鼓舞图

基本信息

时代： 东汉（25—220）

尺寸： 长 187 厘米，宽 43 厘米

收藏地： 西安碑林博物馆

文物来源： 出土于陕西省绥德县
大坬梁

在盘子上跳舞

这幅门楣画像石分为内、外两栏，内栏中间偏右的画面是盘鼓舞。盘鼓舞常在宫廷宴乐或民间宴客时表演。在盘鼓舞画面中，舞者一边踏在盘子上击鼓，一边跳跃舞蹈。两个舞者身后都拖着长至脚踝的尾巴，体态夸张，动感强烈。舞者人兽合体的形象，使人容易将他们与神仙世界联系起来。

项庄舞剑，意在沛公

内栏左侧展现的是持械舞，画面中有一个人正持剑进攻，另一人举起勾镶（钩、盾结合的复合兵器）防守。这种舞蹈源于远古时代的"武舞"。秦汉时，武舞是宴会上助兴的乐舞，著名典故"项庄舞剑，意在沛公"中的助兴舞蹈——剑舞，就属于这类舞蹈。

他们居然能在盘子上跳舞？

太酷了，我也想试试！

国宝有话说

基本信息

时代：东汉（25—220）

尺寸：长 167 厘米，宽 38 厘米

收藏地：西安碑林博物馆

文物来源：出土于陕西省绥德县刘家沟

画面上的神仙世界

画像石上，西王母盘腿端坐在一端，她的两侧是跪地侍候的侍从。另一端是头戴进贤冠的墓主，正乘坐由三只鸟牵引的云车奔向西王母，车上站立一个双手举鞭的仙人，他好像正在督促三只鸟加速飞翔。云车前有手拿嘉禾的鸟首人身、九尾狐、玉兔和蟾蜍。三足乌是墓主的前导，它到达目的地之后，跪在了西王母的面前。整个画面暗示着墓主拜见西王母获得不死药飞升成仙。

金乌和蟾蜍

画像石左右两侧的圆形里分别刻着金乌和蟾蜍，代表太阳和月亮。古人认为，日、月同时出现是阴阳平衡的象征。蟾蜍是中国传统的祥瑞动物之一，它虽然没有非凡的外貌，却有着吉祥的寓意。

墓主拜见西王母图

执彗人拾粪图

基本信息

时代：东汉（25—220）

尺寸：高118厘米，宽36厘米

收藏地：西安碑林博物馆

文物来源：出土于陕西省绥德县贺家沟

拾粪做什么？

画像石右上方的两个格子里各刻着一个身穿宽袍长袖的人，他们身后还有象征谷物一类的植物。画面最下方有一个跟在马后的人，这人弯着腰，手里拿着清扫物品正在拾粪。画面形象生动，反映了汉朝人深爱谷物、懂得积肥获得丰收的道理。

你是要把人扫地出门吗？

画像石倒数第二格里是一个执彗门卒，就是手拿扫帚立在门口的差役。他拿着扫帚是要将人扫地出门吗？不是的，拿着扫帚是表示我已经把屋子打扫干净了，请进来吧。

在农民眼里，马粪可是好东西，可以施肥养地！

哈哈哈，这是个铲屎官！

他跟在马儿的后面铲粪，不嫌臭吗？

歌舞、神树

基本信息

时代：东汉（25—220）

尺寸：高 104 厘米，宽 33 厘米

收藏地：西安碑林博物馆

文物来源：出土于陕西省绥德县

长袖善舞的汉朝人

这块画像石雕刻手法朴素、简练，是一件优美的艺术作品。它分为上下两层，上层左右两列表现的都是舞蹈造型。长袖舞属于古典舞种，秦朝以前已经存在，在汉朝十分盛行。跳舞的人穿着拖地的束腰舞衣，以腰部和手、袖的动作为主，凭借长袖飞舞的各种姿态来表达不同的思想感情，舞姿柔婉飘逸、娴静婀娜。

古代传说中的神树

画像石下部刻着一棵扶桑大树，大树下放着一个马槽，槽边是一匹膘肥体壮的骏马，正在等待主人喂食。大树枝条随风摆动，展现出浓郁的乡土气息和田园诗歌的境界。

在我国古代典籍中，树木常被描述成神物，是日月出没的场所和沟通宇宙的象征。东方的扶桑、中央的建木和西方的若木，便是古代传说中的三棵神树。

墓志铭上的社会百态

魏晋南北朝

魏晋南北朝（220—589）又称三国两晋南北朝，两晋指西晋和东晋。这是中国历史上**政权更迭**最频繁的时期，也是一个民族大融合时期，科学技术和思想文化领域都异常活跃。这一时期为了遏制厚葬之风，禁止私人刻碑，墓碑从地上转到地下，地下墓碑便是**墓志**。墓志除了具备极高的书法价值外，其中涉及的人、事、物也极其丰富，是一部部生动的社会生活实录。

接下来的这三百多年政权更迭频繁，对姐弟俩来说，这段历史真是太难理清楚了。不过，乱世出英雄，很多英雄好汉的故事留存在了历史中，并流传至今。

蜀地丝织业发达，**蜀锦**行销三国。

有很多成语讲的都是三国时期的故事，你们知道吗？

草船借箭，初出茅庐，三顾茅庐，吴下阿蒙……

舌战群儒，鞠躬尽瘁，偃旗息鼓，周郎顾曲……

我们有诸葛亮和五虎上将！

马超

关羽

黄忠　赵云　诸葛亮　刘备　张飞

曹魏重视**兴修水利**，
粮食产量很高。

魏

于禁　张郃　徐晃

乐进　曹操　张辽

我们有五子良将，
来吧，一战定乾坤！

孙吴**造船业**发达，
发展了海外贸易。

吴

黄盖　太史慈

甘宁

我们吴国也良将众多，
不服来战！

孙权　周瑜

魏、蜀、吴**三国鼎立**。曹魏定都洛阳，主要控制长江以北的
地区。蜀汉控制蜀地，东吴控制扬州、交州等东南地区。

正始石经（残石）

《正始石经》在战乱中被毁坏，真是太可惜了！

基本信息

时代：三国曹魏正始二年（241）

尺寸：高113厘米，长210厘米

收藏地：西安碑林博物馆

文物来源：出土于陕西省西安市许士庙街小学附近及西安北大街青年路

中国古代最高学府太学的教科书

《正始石经》上刻着的儒家经典著作《尚书》《春秋》，是中国古代最高学府太学的教科书。

据考证，石经应有二十八石，西安碑林博物馆所藏的《正始石经》残石是我国现存为数不多的残石之一。

一种石经，三种字体

《正始石经》以古文（大篆）、小篆、汉隶三种字体刊刻，相传是由当时的著名书法家邯郸淳、嵇（jī）康等人书写的。当时盛行古文和小篆写成的经书，可是它们不好辨识，所以又用隶书书写一遍。三种字体是间隔并列书写的，后来被不少碑刻模仿。

汉字变形计

《正始石经》是研究古文字演变和书法艺术的珍贵资料，我们从中可以看到汉字书体演变以及多种字体并存的痕迹，后世还把它作为学习篆书和隶书的范本。

魏晋南北朝时期，北方游牧民族大量进入中原。4世纪后期，鲜卑族建立了北魏，统一了黄河流域。为了加强对中原地区的统治，北魏孝文帝将都城从平城（今山西大同）迁到了洛阳，还推出了许多促进民族融合的措施。

　　从此，民族融合成为一种趋势，这种融合不仅体现在文化上，也渗透到了人们生活的方方面面。姐弟俩走在洛阳的街市上，闻见香甜的烤乳饼，简直馋坏了。

北魏时鲜卑族有许多姓氏被改为汉姓，你能列举一些吗？

拓跋（元）　　丘穆陵（穆）　　达奚（奚）　　拔拔（长孙）

贺兰（贺）　　勿忸于（于）　　独孤（刘）　　贺楼（楼）

尉迟（尉）　　步六孤（陆）

❶ 南北朝时期，人们的饮食更加多样化，光饼的做法就有二十多种，其中的乳饼是游牧民族饮食进入汉族生活的一个例证。

❷ 汉族也从其他民族那里学习了先进的酿酒方法，酿出了葡萄酒、毕拨酒、马奶酒等，这些酒也成为当时人们喜爱的饮品。

布告

在朝廷中必须使用汉语，

官员及家属必须穿汉族服饰；

鲜卑族姓氏改为汉族姓氏，

鲜卑贵族与汉族贵族联姻，

采用汉族官制、律令；

学习汉族礼法，尊崇孔子。

因为政权的不断更迭，在长期的冲突中，不同民族之间的融合也加快了脚步。进入中原的游牧民族逐渐接受了汉族传统的礼仪规范，越来越多不同民族的人组成了新的家庭。

南北朝时，各民族间通婚频繁，**婚礼习俗**彼此融合，汉族婚姻聘娶习俗也开始风行。

大雁

不仅具有守时的特性，而且象征着忠贞的爱情，因而大雁常用在聘礼中。

媒人

"父母之命，媒妁之言"，可见媒人有多重要。提亲、询问女方姓名、占卜婚姻吉凶、迎亲等，都离不开媒人。

青庐婚礼

青庐，又称穹庐，史料记载："北朝婚礼，青布幔为屋，在门内外，谓之青庐，于此交拜。"青庐是我国古代北方游牧民族最主要的居住场所。汉魏时期，中原地区受游牧民族的影响，在青庐结拜成婚的方式成为风俗。乐府诗《孔雀东南飞》中就有描写青庐婚礼的场面："其日牛马嘶，新妇入青庐。"这从侧面说明汉末时期"青庐"已经是汉族百姓常规举行婚礼的地方了。

接新娘

结婚那天，新郎穿着礼服同媒人、亲友一起前往女方家迎娶新娘。

古代婚服都是红色的吗？

每个朝代的婚俗不同，婚服的颜色也各不相同。周朝人的婚服以黑色为主，浅红为辅。魏晋南北朝的婚服是白色的。隋唐时新郎穿红色的袍子，新娘穿青绿色的衣裙。明朝时期又把"红男绿女"做了个对调，变成了"红女绿男"，新郎穿青色状元服、新娘穿红罗裙，直到清朝才开始都穿红色的婚服。今天的中式婚礼就是从那时传承而来的。

有问必答

基本信息

时代：大夏真兴六年（424）

尺寸：高 200 厘米，长 225 厘米

收藏地：西安碑林博物馆

文物来源：发现于陕西省西安市北郊查家寨

扫一扫，
听课啦！

大夏石马 国宝级文物

唯一一件有大夏纪年的文物

大夏王朝只存在了二十四年，研究五胡十六国（西晋灭亡后，统治中国北方的众多少数民族政权）历史的专家们一直在寻找能代表大夏国的文物，可是一直没有找到，直到大夏石马被发现。从此，刻有大夏国年号的大夏石马成为至今唯一有文字记载、能够证明大夏王朝的实物。

雕塑史上的名作

大夏石马在中国雕塑艺术史上地位很高，它采用圆雕、浮雕、线刻三种雕刻手法。此外，石马体型巨大，腹部下方是中空的，这种镂空处理会让马有一种轻盈飞驰的感觉，让整个石马充满了生命力。为了保持稳固，石马前后两腿之间还留了腿屏。石马的躯干没有做太大的动态处理，而是站立姿势，显得格外恭敬、谦逊和肃穆。

石马怎么没有耳朵？

马耳朵的位置现在只留下两个小孔。这种马耳朵小巧，雕刻时工匠用玉石或竹木之类的材料刻制成耳朵的形状插入洞孔里。不过因为历史悠久，耳朵后来可能丢失或者腐烂掉了。

农田藏宝

1954 年，美术考古学专家王子云、何正璜夫妇在考察西安汉长安城遗址时，无意间在查家寨村的农田里发现了迄今为止唯一刻有大夏纪年的文物——大夏石马，这个发现震惊了考古界。

这匹石马可是大夏王朝的见证者。

大夏是什么？

大夏就是五胡十六国中的一个小国家。

穆亮墓志

三国时曹操禁止立碑，后来大家就偷偷将墓碑埋到了地下。

真是"上有政策，下有对策"！

然后墓碑就变成了墓志。

基本信息

时代： 北魏景明三年（502）

尺寸： 高66厘米，宽59厘米

收藏地： 西安碑林博物馆

文物来源： 1938年于右任捐赠

魏碑体的代表

"魏碑体"是南北朝时期北朝文字刻石的通称，魏碑书法对后来唐楷书体的形成产生了巨大影响。这篇墓志就是用"魏碑体"书写，字体宽宏博大，率性自然，气势稳健。

"鸳鸯七志"，见证千年之恋的爱情

穆亮出身于北魏鲜卑贵族穆氏家族，包括《穆亮墓志》在内的一批北魏墓志藏石，被称为"鸳鸯七志"，记载了一千五百多年前北魏七对皇族夫妻的生平以及他们的爱情故事，其中穆亮与他的妻子尉太妃的墓志位列七志之首。

国宝有话说

元桢墓志

快看，这可是皇家墓志！

基本信息

时代：北魏太和二十年（496）

尺寸：正方形，边长 70 厘米

收藏地：西安碑林博物馆

文物来源：1938 年于右任捐赠

北魏风云人物

元桢是北魏太武帝拓跋焘的孙子。他在北魏太和十三年（489）因为横征暴敛，被削夺官爵。后来，他支持孝文帝迁都洛阳，不但因此恢复了爵位，还成为掌握地方大权的镇北大将军、相州刺史。

风靡书法界的墓志

元氏墓志是北魏时期的皇家墓志，汇集了北朝知名的书法家和工匠的佳作，所以"元氏墓志"是南北朝时期墓志中的精品，尤其是《元桢墓志》堪称"绝世名品"。

姐弟俩在东晋还恰好赶上了一个传统节日——上巳节。和他们一起过节的，还有"书圣"王羲之和一群文人。

大家在水边洗濯、袚除不祥，并一起参加了曲水流觞的活动。文人们一边饮酒一边作诗，诗兴大发，佳作不断。

因流转轻觞，冷风飘落松。

修禊（xì）是上巳节的传统习俗，地点一般选在水边。人们把酒洒在水中，再用兰草蘸上带酒的水洒到身上，借以袚除不祥。

觞是古代的盛酒器。

让我来帮你们祛除不祥！

353年三月初三"上巳节"，大书法家王羲之与四十多人来到会稽山的兰亭，举办了兰亭雅集。聚会上，大家作诗三十七首。王羲之将这些诗赋编成集子，并用"鼠须笔"和"蚕茧纸"写了一篇序，这就是被誉为"天下第一行书"的《兰亭序》。

王羲之

　　集书法之大成者，写出的字"飘若浮云，矫若惊龙"，有很多皇帝都非常推崇他的书法。除了是个书法家，王羲之还当过"右军将军"。入木三分、东床快婿，这两个成语说的都是他的故事。

　　魏晋时期的达官贵人为了彰显风雅，喜欢手里拿着"麈（zhǔ）尾"，它是身份的一种代表。

四②桃华木茂，俯仰清川涣。

　　曲水流觞是上巳节的一个习俗，众人坐于水边，把盛着酒的觞置于流水之上，任其顺流漂下，停在谁面前，谁就要将杯中的酒一饮而尽，并赋诗一首，否则罚酒三杯。

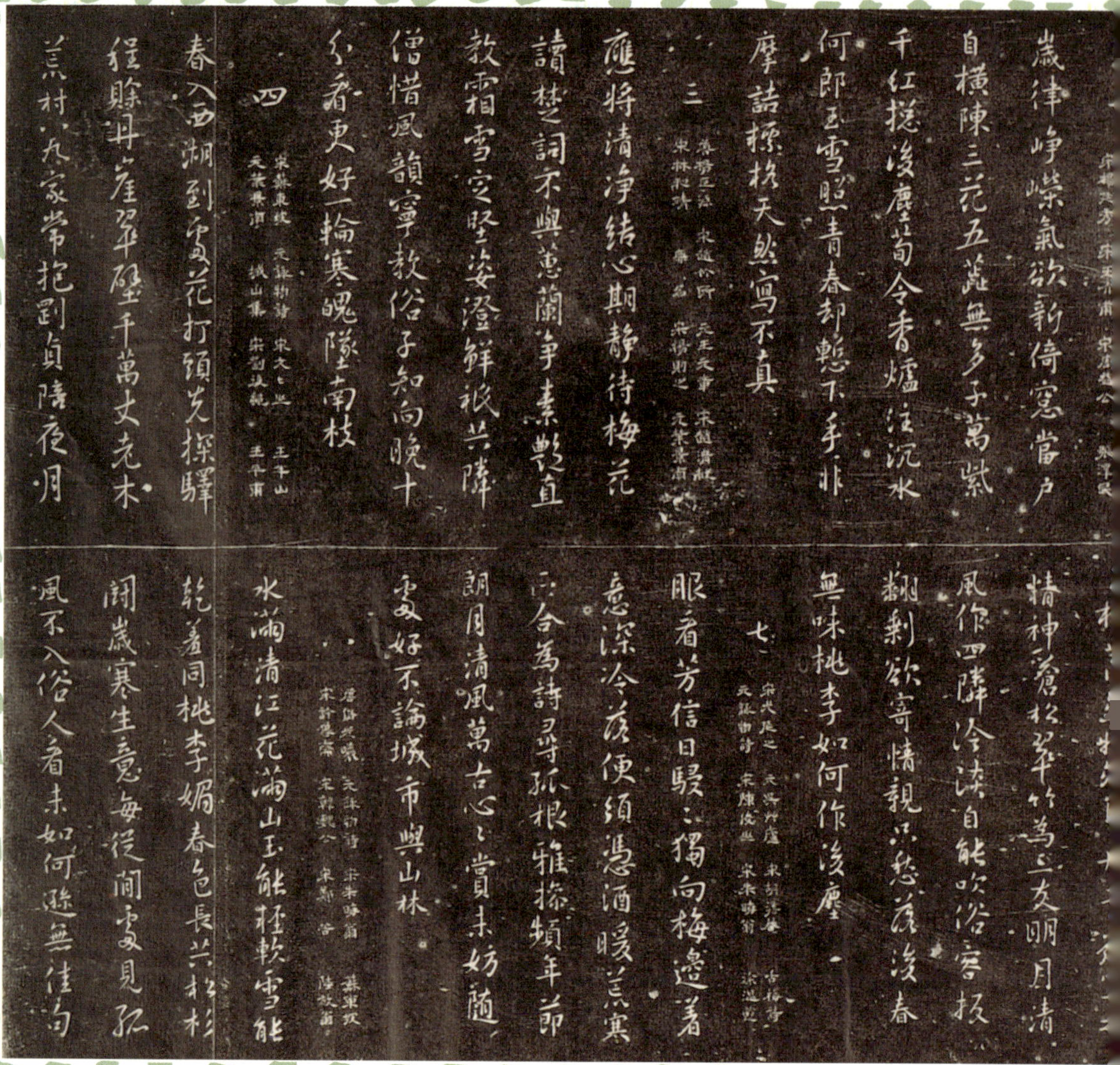

国宝有话说

集古梅花诗碑

基本信息

时代：清康熙五十九年（1720）

尺寸：高 247 厘米，宽 91 厘米（每石）

收藏地：西安碑林博物馆

文物来源：1949 年前陕西历史博物馆移交

王羲之的书法魅力

　　《集古梅花诗碑》共两块，碑上刻着清代罗景撰写的梅花诗七言绝句一百首，书体均为临王羲之行书。

　　王羲之的书法被评价为：妍美而不柔媚，矫捷而不轻佻。王羲之书法中的"妍美"体现在优美小巧、光滑挺近、变化和谐、笔势轻捷几个特点上。此帖飘逸洒脱、刚柔相济。

一代"书圣"养成记

　　王羲之自幼便接受了良好的书法教育。他年幼时跟随三国书法家钟繇的徒弟卫夫人学习书法，十多岁至二十岁时改学叔父王廙（yì）。卫夫人的书法娴雅婉丽，王廙的书法传承了钟繇书法天然、古淡、质朴的特质，在西晋享有盛名。

　　后来，王羲之又专心学习秦汉以来众多书法大师的作品，这为他的书法成就奠定了坚实的基础，使他最终成为中国书法史上一座不可逾越的高峰。

三春陶和气，万象齐一欢。

地主观山水，仰寻幽人踪。

好诗好诗！我要把大家的诗作汇编成集，就叫《兰亭集》！

魏晋南北朝是一段乱世，但也是文化繁荣、科学高速发展的时期。这个时期冲突与融合并存，文化和科学都呈现出鲜明的兼容性和多元性。在这里，姐弟俩认识了一些在不同领域表现突出的人。

《水经注》是北魏郦道元为《水经》作的注。这部地理名著记载了一千二百五十二条河流及有关的历史事件、风土人情等。

与马车相比，**牛车**可以随意坐卧。再加上这时候的道路并不平坦，牛车速度慢，因而较为平稳，所以，贵族们更喜欢乘坐牛车。

文化卡片

洛阳纸贵

晋代文学家左思用了十年时间写出的《三都赋》，轰动一时。由于尚未发明印刷术，人们争相传阅抄写，以致洛阳的纸张供不应求，纸价大涨。这就是成语"洛阳纸贵"的由来。

汉末的《孔雀东南飞》与北朝的《木兰诗》并称"乐府双璧"，是**古乐府民歌**的代表。

阿爷无大儿，木兰无长兄。
愿为市鞍马，从此替爷征。
——北朝民歌**《木兰诗》**节选

南朝时的**祖冲之**是世界上第一位将圆周率值精确计算到小数点后第七位的数学家。他还创制了《大明历》，测得的一年时间比现代科学测算的结果只差五十秒。

北魏农学家贾思勰写成**《齐民要术》**，总结了黄河中下游地区劳动人民的农业生产经验，被誉为"中国古代农业百科全书"。

魏晋南北朝多次颁布禁碑令，刻碑受到限制，流传下来的碑刻极其少见。从这些珍贵的碑石上，我们得以了解这个充满动荡的时代，也看到了这个时期不一样的书法风格。

邓太尉祠碑

前秦是东晋十六国时期的政权之一，一度统一北方。

国宝有话说

基本信息

时代： 前秦建元三年（367）

尺寸： 高 170 厘米，宽 64 厘米

收藏地： 西安碑林博物馆

文物来源： 原立于邓太尉祠（今陕西省蒲城县坡底村）

三国名将邓艾之死

邓太尉即邓艾，是三国时期魏国杰出的军事家、将领。263年他与钟会、诸葛绪攻打蜀汉，最后，他率先进入成都。蜀汉灭亡后，他遭到钟会的污蔑，被卫瓘杀害。

这通碑是前秦冯翊护军（官职）郑能进整修邓太尉祠的竣工纪念碑。

由隶入楷的过渡性书法

碑文用隶书书写，这时的隶书开始初具楷书风貌了。碑文书法字形方正，没有了伸展的撇捺，显露出隶体书法向楷体书法过渡的轨迹，是研究中国汉字演变的重要实物资料。

广武将军碑

《广武将军碑》和《邓太尉祠碑》是全国仅有的两块前秦碑。

基本信息

时代：前秦建元四年（368）

尺寸：高174厘米，宽73厘米

收藏地：西安碑林博物馆

文物来源：发现于陕西省白水县

陕西"三绝"碑之一

这通碑虽然经历了一千多年的风雨侵蚀，但依然能看出碑文书法的古朴稚拙。历代对《广武将军碑》评价都很高，称其为"关中楷隶冠"，康有为赞为"古雅第一"。于右任先生将它和《姚伯多造像》《慕容恩碑》称为"关中三绝碑"。

界碑的见证

此碑本名《立界山石祠碑》，是一通界碑。碑文内容记述了前秦时关中渭河以北地区疆域的划分、官职的设置等信息，是研究前秦的重要文献资料。广武是官名，在将军名号中地位较高。

这个时期的墓前出现了石翁仲，反映的是古人"事死如事生"的理念。

石翁仲

基本信息

时代： 西魏（535—556）

尺寸： 高 228 厘米

收藏地： 西安碑林博物馆

文物来源： 出土于陕西省富平县

什么是石翁仲

"石翁仲"是指古代帝王或大臣墓前的石人像，有文臣武将之分。墓前的石翁仲除了充当卫士起保卫陵墓的作用外，也显示了墓主人生前的等级身份。这个石翁仲是西魏时期的文官形象。

石翁仲的由来

石翁仲源于秦朝的大将阮翁仲，曾被秦始皇派去守临洮，威震匈奴。为纪念他的功绩，在他死后秦始皇为他铸造铜像并立在咸阳城司马门外。后来，人们为了借助他的勇猛守卫墓地，将他雕刻成像，于是有了石翁仲。

石翁仲里有文官也有武官。

阮翁仲自然是武官了！

听说阮翁仲是个大力士，身高将近三米，特别勇猛。